OBSERVATIONS

CONTRE la Demande en réduction du Droit de
3o centimes, perçu à l'Entrée des CHARBONS
DE TERRE provenant des Mines de la Belgique;

Ou RÉPONSE aux Allégations hasardées dans l'intérêt
des PROPRIÉTAIRES DES MINES DE LA BELGIQUE, *pour*
motiver la Réduction du Droit.

————➤••◉••◄————

OBSERVATIONS

CONTRE la Demande en réduction du Droit de
30 centimes, perçu à l'Entrée des CHARBONS
DE TERRE provenant des Mines de la Belgique;

*Ou RÉPONSE aux Allégations hasardées dans l'intérêt
des* PROPRIÉTAIRES DES MINES DE LA BELGIQUE, *pour
motiver la Réduction du Droit.*

INTRODUCTION.

LORSQU'ON est appelé à examiner et à discuter une question
de douane, il ne faut pas perdre de vue que les droits qui portent
ce nom, et qui, dans un temps, étaient une institution purement
fiscale, ont changé tout à fait d'objet; et que depuis 1814 particulièrement, ils font partie intégrante du système commercial
de la France, et des mesures législatives successivement prises
pour aider au développement et à l'accroissement des richesses du
Royaume. Ce n'est plus comme ressources du Trésor qu'on envi-
sage aujourd'hui les douanes : c'est comme ressort de l'industrie
et comme moyen de mettre en plus grande valeur et de multi-
plier les produits du sol; elles tendent surtout à empêcher l'introduction des marchandises et des produits que nous pouvons nous
procurer dans l'intérieur, en quantité suffisante à notre consommation; et si même il arrive qu'une forte imposition à l'entrée ne

A

puisse pas nous préserver de la concurrence étrangère, on a recours, en ce cas, à la prohibition absolue, quoique, par elle-même, elle ne rapporte rien au Trésor.

Enfin, selon le projet conçu par Colbert et que ce grand ministre a commencé à réaliser lui-même, les douanes sont organisées de manière à favoriser la sortie des marchandises nationales, par des modérations de droits ou par des exemptions absolues, et à grever de forts droits d'entrée les marchandises étrangères, même à en prohiber l'importation, hors le cas de nécessité ; en sorte qu'on peut dire que de tous les impôts, les droits de douane sont les seuls qui aient pour but principal le soulagement et le plus grand avantage des sujets de l'Etat, PRODUCTEURS OU CONSOMMA-TEURS.

Des Houillères ou Mines de charbon de terre.

Dans le nombre des richesses dont il importe à la France de protéger l'exploitation et de favoriser l'accroissement, il faut placer et mettre à l'égal des produits purement agricoles, ceux des houillères ou mines de charbon de terre, actuellement ouvertes sur divers points de la France, et dont la prospérité et l'activité seraient gravement compromises par la réduction qu'on demande aujourd'hui.

Et ce n'est pas seulement aux départemens du Nord, c'est à la France toute entière qu'il importe de voir les mines de charbon remplacer, peu à peu, pour le service de ses usines, le combustible que ses forêts cesseraient bientôt de pouvoir lui fournir, vu la prodigieuse consommation de bois et la quantité de coupes extraordinaires qui ont eu lieu dans ces dernières années.

Autrefois et avant la découverte des mines d'Anzin, d'Aniche, de Fresnes, de Vieux-Condé et de quelques autres mines des départemens du Nord, dont l'exploitation n'a commencé que vers le milieu du siècle dernier, toutes les provinces septentrionales de la France, le Hainault, la Flandre, l'Artois, la Picardie, la Normandie, étaient dépourvues de charbon de terre, soit pour le chauffage de leurs habitans, soit pour le service de leurs usines et des établissemens à l'usage desquels ce combustible est nécessaire ; elles étaient donc forcées de s'approvisionner dans la Belgique ; et la France devenait ainsi tributaire de l'étranger de tout le prix des charbons importés pour la consommation intérieure.

Cependant, dès l'année 1668, sous le ministère de Colbert, les charbons de terre de la Belgique furent soumis à un droit d'entrée équivalent à 24 c. par hectolitre; et ce droit a subsisté jusqu'à la réunion de la Belgique à la France.

Cette réunion a affranchi pendant vingt ans les propriétaires des mines de la Belgique de tous droits d'entrée dans la France proprement dite, franchise qui leur a procuré de très-grands bénéfices.

Les mines d'Anzin et autres mines du Nord de la France, dont l'établissement a coûté des sommes immenses, à cause de leur profondeur et des travaux souterrains qu'elles ont exigés, n'ont pû, dans cet intervalle, soutenir que péniblement et à grands frais la concurrence des mines de la Belgique, exploitées depuis plusieurs siècles et sujettes à beaucoup moins de dépenses que celles de France, les extractions s'y faisant presque à fleur de terre. Néanmoins les travaux d'Anzin et autres mines du Nord de la France n'ont pas été interrompus, et les charbons qu'elles produisent étant aussi parfaits en qualité que ceux de la Belgique, on a pu en vendre une quantité suffisante pour racheter les frais d'exploitation et donner quelque profit.

Les mines d'Anzin avaient d'ailleurs elles-mêmes, alors, un

écoulement dans la Belgique ; ses charbons y étaient introduits sans obstacle , et elle y exportait annuellement de 7 à 800 mille hectolitres.

En 1810, le Gouvernement français imposa , sur le produit brut de toutes les houillères , une redevance égale à près de 6 pour cent du produit net des extractions ; les mines de la Belgique , soumises elle-mêmes à cette redevance, ont cessé de la payer en 1814, lorsque la Belgique a été séparée de la France.

Les mines du nord de la France étant presque contigües à celles de la Belgique (Anzin n'est qu'à quatre lieues de Mons), les gouvernemens respectifs ont dû s'occuper des moyens d'éviter, de part et d'autre , les inconvéniens et les dommages de la concurrence des mines voisines ; et le Gouvernement Belge n'a pas balancé à mettre , sur les charbons de France , à leur entrée en Belgique , une taxe équivalente à une prohibition effective, puisqu'elle surpasse de près de vingt pour cent le prix courant de la marchandise imposée (*Pièces justificatives*, n°s. 1 et 2) ; la taxe est de 1 fr. 78 c. par hectolitre , et le prix moyen de la même mesure de charbon à la frontière et prête à être embarquée , est de 1 fr. 50 c. seulement.

Le Gouvernement Belge n'a fait , à cet égard , qu'une seule exception en faveur des fabriques de chaux et des exploitations de carrières de pierres calcaires des environs de Tournay et de la Flandre occidentale , par la raison que les charbons extraits des mines de Fresnes et Vieux-Condé , situées en France, sont par leur qualité particulière, exclusivement propres au service de ces établissemens. Le Gouvernement Belge n'exige , à l'entrée des charbons de cette origine , au lieu de 1 fr. 78 c. par hectolitre , qu'un droit équivalent à 37 c. ; mais cette fixation , commandée par l'intérêt des fabricans et exploitans belges eux-mêmes , et néanmoins.

,bien supérieure à la taxe française , ne porte que sur une faible quantité de charbons de France; la consommation des chaufourniers de la Flandre qui s'approvisionnent à Fresnes et au Vieux-Condé , n'excède pas 150 mille hectolitres.

Il a plu aux réclamans d'avancer que les charbons de Fresnes et de Vieux-Condé ne payaient, à leur entrée en Belgique, qu'un droit de balance de 5 c. ; mais les deux arrêtés du Roi des Pays-Bas, des 13 décembre 1816 et 2 juillet 1817 , qui sont produits, prouvent que le droit établi est bien de 37 c. par hectolitre, et que l'exception est rigoureusement restreinte à la quantité de charbon réellement consommée par les chaufourniers: on ne comprend pas que la Chambre du commerce de Valenciennes ait pu ignorer le tarif des douanes de la Belgique dont l'application a lieu, tous les jours , sous ses yeux (1).

Le Gouvernement français en a usé bien plus modérément à l'égard des houillères de la Belgique ; et portant d'abord beaucoup trop loin la timidité en faveur des consommateurs français , fabricans ou autres, il s'exagéra le danger de les voir manquer de charbon de terre, ou forcés de le payer trop cher, s'ils étaient à la discrétion des propriétaires des mines de la Belgique. Il se contenta donc , en 1814, de faire payer 11 c. par hectolitre (subvention

(1) Au moment où ces Observations allaient être mises sous presse, on a reçu une nouvelle décision du Roi des Pays-Bas, du 6 décembre 1821 , n°. 39, portant que les arrêtés des 13 décembre 1816 et 2 juillet 1817 , cotés à la suite des présentes, sous les n°s. 1 et 2, cesseraient d'avoir leur effet ; de sorte que les charbons de Fresnes et Vieux-Condé sont aujourd'hui , comme ceux des autres mines du département du Nord , frappés, à leur entrée en Belgique, du droit prohibitif de 1 fr. 78 c.

comprise), à l'entrée des charbons provenant des houillères de la Belgique ; mais cette fixation provisoire ne pouvait pas subsister long-temps sans qu'on en reconnût l'insuffisance ; et la loi de finances, du 28 avril 1816, éleva le droit d'entrée à 30 c. par hectolitre, (outre le dixième de subvention), en tout 33 c.

Ce droit d'importation n'excédait que de 9 c. celui qui se percevait quand la Belgique était encore sous la domination autrichienne, et avant sa réunion à la France ; et, comme la redevance établie en 1810, et qu'on peut évaluer à 6 c., continuait à subsister à la charge des mines françaises, et que celles de la Belgique s'en trouvaient exemptes, l'avantage que le nouveau droit, comparé à l'ancien, donnait aux houillères de France sur celles de la Belgique, n'était réellement que de 3 c. On peut voir, dans le rapport de la commission de la Chambre des députés, fait sur les droits de douanes, au mois de mars 1816 (transcrit au Moniteur du 13 dudit mois de mars, troisième supplément), que cette commission, avant de donner son avis pour la fixation du droit d'entrée à 30 c. (33 c., subvention comprise), *avait appelé à son aide les lumières des membres de la Chambre, consulté l'opinion, mis en quelque sorte en présence les intérêts particuliers, pour mieux établir entre eux le juste équilibre qui constitue l'intérêt général ; aucun des avis* (ajoute le rapporteur) *qui lui ont été offerts par les négocians, les députations du commerce, le conseil général des manufactures et les chefs d'ateliers n'a été négligé.*

Ainsi, c'est bien en connaissance de cause, et contradictoirement avec toutes les parties intéressées, que, déjà en 1816, la taxe de 33 c. par hectolitre, a été établie. La même loi de 1816 modéra à 15 c. le droit sur les charbons de terre introduits par la Meuse ; plus tard, ce droit de 15 c. a été réduit à 10 c. (ou 11 c., subversion comprise) pour les charbons introduits par la Meuse, comme pour ceux introduits par la Moselle; mais cette exception a eu pour motif l'éloignement où se trouvent les consommateurs de cette partie du nord de la France, du siége de toutes les mines françaises, soit dans le Nord, soit dans le Midi.

La sagesse de la fixation faite par la loi de 1816, tant dans l'intérêt des CONSOMMATEURS des départemens du Nord, que comme moyen d'encouragement pour les PROPRIÉTAIRES EXPLOITANT les mines d'Anzin et autres circonvoisines, a été justifiée par l'expérience.

Quant aux CONSOMMATEURS d'abord, le prix des charbons n'a pas augmenté, et il est encore aujourd'hui le même que dans le temps où la Belgique était réunie à la France, et où ses mines y versaient leurs produits en concurrence avec les produits des mines françaises.

Et, à l'égard des PROPRIÉTAIRES de mines, ils ont augmenté leurs travaux et porté à environ 4 millions d'hectolitres, au lieu de 2,560,000, le débit annuel des produits de leur exploitation; mais, tout en augmentant leurs extractions, ils n'auraient pas été les maîtres d'augmenter le prix de leurs charbons; car il est démontré que, malgré le droit d'introduction de 33 c. par hectolitre, les charbons belges se distribuent dans le nord de la France, qu'ils sont amenés jusqu'au marché de Paris au même prix que les charbons des mines d'Anzin, et qu'ils donnent encore aux Belges un bénéfice raisonnable, à cause des moindres dépenses d'exploitation.

Aussi, lorsque les Chambres se sont occupées, en 1820, des modifications à faire dans le tarif des douanes, le résultat des discussions renouvelées à cette époque, sur la quotité des droits à imposer à l'entrée des charbons de la Belgique en France, a-t-il été que, loin d'avoir à réduire la taxe de 33 c., établie en 1816, cette taxe aurait pu ; sans inconvénient , être portée à 40 c. ; néanmoins on parut mettre encore en question , d'une manière sérieuse, si le droit d'importation fixé par la loi de 1816 n'était pas trop favorable aux mines d'Anzin, et trop onéreux aux consommateurs des départemens environnans.

Les intéressés aux mines de la Belgique avaient alors , comme aujourd'hui , fait faire de vives sollicitations pour obtenir sur ce droit une réduction de 20 centimes ; et on peut voir dans la relation de la séance de la Chambre des Députés, du 1ᵉʳ. mai 1820 (au *Moniteur* du 5 du même mois) avec quel soin cette question fut examinée et discutée. Nous ne saurions mieux faire que d'extraire ici quelques passages des discours prononcés à la tribune à cette occasion.

« Le sol houiller de la France (dit un des orateurs) offre une source
» de richesses si abondantes à l'activité des hommes industrieux , QUE
» NOUS DEVONS LUI ASSURER TOUS SES AVANTAGES; ce n'est guères que
» depuis l'année 1744 que nous nous livrons à l'exploitation de ce fossile ;
» les succès obtenus depuis en font présager de plus grands ; l'alliance des
» sciences avec l'industrie les garantit. La perfection donnée aux méca-
» niques et aux pompes à vapeurs, a permis de pénétrer jusqu'à 1200 pieds
» dans les viscères de la terre, sans redouter de rencontrer des eaux qui
» détruiraient les ouvrages entrepris.

» Les exploitans français demandent à la législation LA FIXITÉ DES
» PRINCIPES POUR S'OPPOSER A L'INTRODUCTION ÉTRANGÈRE, qui froisse-
» rait leurs intérêts et paralyserait les nouveaux capitaux qui doivent se di-
» riger vers cet emploi; ils vous demandent DE MAINTENIR LES DROITS
» EXISTANS. Des hommes bien instruits avaient proposé, en 1815 , DE LES
» ÉLEVER : LEURS ARGUMENS NE SONT PAS RÉFUTÉS VICTORIEUSEMENT; il
» convient donc d'être D'AUTANT PLUS SÉVÈRE A ACCORDER UNE DIMI-
» NUTION, que le premier pas rétrograde en administration laisse toujours
» redouter de nouvelles vacillations, et paralyse l'esprit d'entreprise. . . .

» Les exploitations françaises ont quadruplé depuis 1789; alors elles
» furent

» furent évaluées à un produit annuel de 2,500,000 quintaux mé-
» triques.

» En 1815, nous comptions 260 exploitations ouvertes, produisant an-
» nuellement 10 millions de quintaux métriques de charbon, de valeur
» de 12 millions de francs, au prix moyen de 1 fr 20 cent. ; douze mille
» familles de mineurs sont occupées de ces travaux.

» Lorsque nous voulons apprécier l'influence de ce combustible sur
» toutes les transactions sociales, nous observons que ces 10 millions de
» quintaux de houille remplacent 3 millions 300 et tant de mille cordes
» de bois, qui auraient coûté 21 millions de francs.

» Nos mines les plus considérables sont celles d'ANZIN, qui donnent
» chaque année 3 millions de quintaux métriques ; celles de Saint-Etienne
» et de Rivedegier, qui donnent le même produit. »

L'orateur cita, à l'appui de ses assertions, un rapport fait en
1814, au conseil général des mines, par un homme de l'art, dont
le talent honore la France (M. Cordier), et qui s'exprimait
ainsi :

« L'exploitation des mines de houille, quelles que soient les imperfec-
» tions que présente son état actuel, est montée de manière à pourvoir
» non-seulement à la consommation courante, mais encore à une CON-
» SOMMATION PLUS-CONSIDÉRABLE, A UN PRIX TRÈS-MODÉRÉ. »

Plus loin, M. Cordier ajoute :

« Soit relativement à la situation des mines de France, soit à l'égard
» de la concurrence étrangère, les réclamations et les craintes des exploi-
» tans français sont fondées ; ce n'est point à tort qu'ils éveillent la solli-
» citude du Gouvernement.

» Il ne paraît pas (a dit un autre orateur dans la séance du 1er. mai
» 1820) que jusqu'ici, aucune de nos grandes villes manufacturières ait ré-
» clamé la suppression ou la modification du droit d'entrée sur les char-

B

» bons de terre, comme condition nécessaire de l'existence des industries
» qui s'exercent dans leur sein. Bien loin de là, toutes, sans exception,
» ont imposé un droit d'octroi plus ou moins élevé sur les charbons de
» terre consommés par leurs habitans. Elles se seraient bien gardées de
» faire cette faute, si, par suite d'une fausse législation de douane, le
» prix de ce combustible eût déjà été trop élevé, et si l'industrie locale en
» eût éprouvé un véritable préjudice.

» Rouen, qui tient le premier rang parmi nos villes manufacturières,
» qui consomme des quantités énormes de charbon de terre, pour alimen-
» ter ses teintureries, ses fabriques de toiles peintes, ses blanchisseries,
» ses machines à feu; qui produit, par an, près de 100 millions de mar-
» chandises fabriquées, qui paye les combustibles de toute espèce à un prix
» beaucoup plus élevé que dans aucune autre partie de la France, parce
» que ses besoins sont immenses, parce qu'elle est loin des contrées cou-
» vertes de forêts, et de celles qui fournissent les charbons de terre; Rouen,
» néanmoins, non-seulement a imposé un droit d'octroi assez fort sur les
» charbons de terre en général, mais encore elle en a élevé le tarif pour
» les charbons qui lui viennent de l'Angleterre ou de la Belgique.

» La ville de Paris, aujourd'hui si riche en établissemens manufactu-
» riers, nous offre un exemple analogue à celui que je viens de citer dans
» la perception d'un droit d'octroi de 10 francs, sur la voie de charbon de
» terre pesant environ 1200 kilogrammes; en comparant cette taxe avec
» l'impôt de 30 cent. à l'importation, on trouve que le fisc ne perçoit que
» le tiers de la somme que la ville de Paris fait payer bénévolement, à titre
» d'octroi, aux fabricans de la capitale. LE DROIT SUR LES CHARBONS
» N'EST PAS EXORBITANT; il n'augmente donc pas, comme on l'a dit,
» d'une manière désastreuse, le prix de ce combustible. S'il en était au-
» trement, nos magistrats municipaux ne seraient pas venus y ajouter une
» nouvelle contribution locale, triple de celle établie par le Gouverne-
» ment; et certes, s'il y avait une réduction à faire, ce serait de préfé-
» rence sur les droits d'octroi, et non sur ceux perçus à l'importation;
» car, sans cela, on favoriserait les importations étrangères au détriment
» des consommateurs français.

» S'il est vrai (a ajouté l'orateur), comme l'assure M. le rapporteur des

» douanes, que les charbons de Mons ne valent que 80 cent. l'hectolitre
» comble, ou les 100 kilogrammes, tandis que ceux du département du
» Nord valent 1 fr. 25 cent. à Anzin, et 1 fr. 50 cent à ANICHE, le droit
» de 30 cent. n'apporterait évidemment aucun obstacle à l'introduction des
» charbons étrangers ; et assurément, si on réduisait ce droit, ce serait
» uniquement en faveur des houillères étrangères, dont le prix de vente
» augmenterait dans une proportion correspondante. »

La péroraison du discours ci-dessus extrait est remarquable.

« Je crois donc, a dit l'orateur, que, ni dans l'intérêt de l'État, ni dans celui
» du commerce et des manufactures, la taxe à l'importation des charbons
» ne doit être atténuée, et que la modique rétribution perçue à la fron-
» tière est à peine suffisante pour empêcher que la concurrence étrangère ne
» ruine entièrement les exploitations françaises. Comme commerçant et
» comme manufacturier, je ne cesserai de réclamer, pour les manufactures
» et le commerce, l'appui tutélaire de nos lois ; mais je ne perdrai jamais
» de vue que la première protection est due aux produits de notre sol. La
» puissance d'un pays qui repose sur la richesse agricole est indestruc-
» tible ; ses ressources sont au-dessus de tous les calculs. Le commerce et
» l'industrie jouent un grand rôle, sans doute ; mais ils ne sont que secon-
» daires : c'est en ayant égard à cette distinction que nous devons les pro-
» téger ; et heureusement, notre législation des douanes, graduée avec sa-
» gesse, est un instrument dont nous pouvons nous servir avec avantage
» pour arriver au but que nous nous proposons d'atteindre. »

Dans la même séance du 1er. mai 1820, M. le directeur général
des douanes parla en ces termes :

« Quant au droit général de 30 cent., dont on propose la réduction à
» moitié, cette demande, DÉJA PLUSIEURS FOIS REPRODUITE, tant à la
» Chambre que devant vos diverses commissions des douanes, a toujours
» été rejetée, parce qu'on n'a jamais établi, d'une manière suffisante, que
» le droit actuel accorde à nos exploitations de houille (que notre devoir est
» aussi de protéger) une protection exagérée : on vient de présenter des cal-
» culs desquels on a fait résulter cette exagération ; mais je dois dire que ces

» calculs ont été PUISSAMMENT CONTREDITS devant votre commission ac-
» tuelle; et lors même qu'on les supposerait fondés jusqu'à un certain point,
» c'est-à dire, lorsque les droits actuels assureraient aux Compagnies qui
» exploitent nos mines, des bénéfices aussi étendus que ceux dont on a
» parlé, je soutiendrais que ce sont ces bénéfices eux-mêmes qui appelle-
» ront des exploitations nouvelles, et qu'il n'est aucune entreprise qu'il
» importe davantage d'encourager : notre sol renferme, en ce genre, d'im-
» menses richesses, qui demeurent stériles, à défaut de capitaux; en leur
» montrant les profits qui les attendent, aucun droit de douane ne vous
» aura jamais rendu un si éminent service. »

C'est d'après cette nouvelle controverse que la Chambre des
députés rejeta, en 1820, la proposition et les amendemens qui
tendaient à la réduction du droit de 30 c. (33 c. subvention comprise); elle adopta seulement la proposition de M. le directeur
général, tendante à fixer à 10 c. (11 c. subvention comprise) le
droit d'entrée des charbons par la Meuse, comme par la Moselle,
sur le motif ci-devant indiqué, que les départemens des Ardennes
et de la Moselle sont trop éloignés des exploitations des mines de
l'intérieur, pour qu'ils puissent en tirer leurs approvisionnemens.

La loi de finances, rendue le 23 juillet 1820, a maintenu en effet
le droit de 30 c.; depuis sa publication, l'exploitation des mines
d'Anzin et autres mines environnantes, a été toujours en croissant,
et il n'y a point eu, on le répète, d'enchérissement dans le prix
du charbon à la charge des consommateurs.

Le maintien du droit n'a pas empêché non plus l'importation
d'une quantité notable de charbon de la Belgique en France; et les
réclamans contre la quotité du droit, avouent eux-mêmes que cette
importation a été de 1,600 mille hectolitres en 1820, quantité
équivalente aux deux cinquièmes des produits des mines d'Anzin

et autres mines du département du Nord , lesquels se sont élevés
à environ 4 millions d'hectolitres.

Il est probable , d'après les renseignemens déjà pris , qu'en 1821
les importations respectives de charbons , d'un pays à l'autre , au-
ront été dans la même proportion qu'en 1820; mais , ce qui est
certain et non contestable , c'est que la consommation , soit domestique, soit commerciale des départemens du Nord , a été abon-
damment pourvue sans que le prix des charbons ait augmenté.

Dans la discussion qui a eu lieu sur cette matière à la Chambre
des députés en 1816 et 1820, et dans la supputation qu'on y a faite
du produit annuel des mines de France , évalué , en 1820, à 10
millions d'hectolitres, dont 3 millions proviennent des mines d'Anzin, et 3 millions des mines de St.-Étienne et rive de Gier , dans
la ci-devant province de Forez , on n'a fait aucune mention particulière des mines de Decize , département de la Nièvre , ni de celles
de Firmini , département de la Loire; leur mise en activité ne
remonte qu'à l'époque de l'établissement du droit de 33 c., en
1816 ; jusqu'alors les propriétaires intéressés à l'exploitation de
ces mines n'avaient eu à calculer, chaque année, que le montant des
frais énormes des travaux nécessaires pour en assurer l'exploitation. Tant que les mines de la Belgique ont pu concourir, en toute
franchise, à l'approvisionnement de la France , celles de Decize et
de Firmini ont dû craindre cette dangereuse concurrence, et ce
n'est que depuis 1816 qu'elles ont redoublé d'efforts pour pouvoir
offrir leurs produits à la consommation; mais telle est la richesse
de ces mines, que leurs extractions annuelles , déjà portées ,
dès à présent, à une quantité de charbon considérable, peuvent successivement, et dans un petit nombre d'années ;
s'élever à plusieurs millions d'hectolitres, et refouler vers leur
source les produits des mines étrangères ; car le prix des charbons

de Decize, rendus à Montargis, n'excède pas celui des charbons de Mons rendus à Paris.

Si la considération des encouragemens dus à ces nouveaux établissemens de Decize et Firmini était venue se joindre à toutes celles qui ont déterminé la fixation faite en 1816, et confirmée en 1820, du droit de 30 c., imposé à l'entrée des charbons de la Belgique, le tarif de ce droit aurait été certainement porté plus haut; et aujourd'hui, tous les consommateurs doivent désirer que rien ne vienne ralentir le développement de ces importantes exploitations.

Les pétitions isolées sur lesquelles est intervenu, sans aucune communication préalable aux parties intéressées, l'avis de la commission du conseil général du commerce de Paris, du 12 octobre dernier, loin d'être l'expression du vœu général, sont au contraire, ainsi qu'on l'a déjà dit, en opposition avec les sentimens et les procédés des grandes villes manufacturières et consommatrices d'une prodigieuse quantité de houilles, telles que Paris et Rouen, qui, l'une et l'autre, ont soumis les charbons de terre introduits chez elles à un droit d'octroi bien supérieur à celui de leur importation à la frontière.

EXAMEN et DISCUSSION des divers Motifs allégués par les Pétitionaires.

D'après l'exposé qui précède, la réfutation de ces motifs ne sera pas une tâche bien pénible; et, comme ils se trouvent tous consignés et rappelés, tant dans l'avis de la commission du conseil général du commerce de Paris, du 12 octobre dernier, que dans le mémoire présenté par la Chambre consultative de commerce de la ville de Valenciennes, du 21 du même mois, nous avons, pour réfuter en même temps l'avis et le mémoire, rassemblé dans une série d'articles distincts les uns des autres, toutes les objections des réclamans, et nous les discuterons ensuite, article par article, de manière à en faire ressortir plus clairement ou la mauvaise foi ou la frivolité.

On peut, sauf les développemens, réduire ces objections ou ces motifs de réduction du droit d'entrée, au nombre de huit ; savoir :

1°. L'insuffisance du produit des mines du nord de la France, pour subvenir aux besoins de la consommation domestique ou commerciale des départemens environnans.

2°. La qualité supérieure des charbons de la Belgique, comparés aux charbons provenant des mines d'Anzin et autres mines du nord de la France.

3°. L'élévation des prix du charbon des mines d'Anzin et autres circonvoisines, depuis l'établissement du droit d'importation de 33 c. sur les charbons belges, et le danger de voir ces prix augmenter encore faute d'aucune concurrence à redouter.

4°. La possibilité de l'épuisement prochain des mines du nord de la France, si, forçant leurs extractions, elles cherchaient à pourvoir toutes seules à l'approvisionnement des départemens voisins, sans l'assistance et le concours des houillères de la Belgique.

5° L'assimilation du charbon de terre aux matières premières, servant à alimenter les manufactures et fabriques françaises, et devant, par cette raison, être exempt de droits d'importation, et tout au plus sujet à un simple droit de balance.

6°. Le peu de dommage qui en résulterait pour le trésor, à cause de la plus grande quantité de charbons étrangers qui seraient importés dans la proportion de 4 à 1, ou à peu'près.

7°. La considération particulière que les actionnaires intéressés dans les mines de Mons, étant, pour la plupart, Français et domiciliés en France, ils feraient eux-mêmes rentrer, par leurs propres mains, dans la circulation générale du royaume, le prix de la vente du charbon provenant de ces mines étrangères.

8°. La réduction obtenue par les habitans et fabricans des départemens que traversent la Meuse et la Moselle, pour les charbons introduits par ces deux rivières.

« ART. I". , ou PREMIER MOTIF , *tiré de la prétendue insuffi-*
» *sance du produit des mines d'Anzin et autres mines du Nord*
» *pour l'approvisionnement des départemens environnans.* »

Cette objection se résout par le fait et par l'expérience soutenue pendant près de six ans, depuis la promulgation de la loi du 28 avril 1816.

Les mines d'Anzin, particulièrement, ont pu, chaque année, augmenter leurs extractions ; et au lieu de 2 millions 500 mille hectolitres environ qu'elles livraient annuellement à la consommation , avant la séparation de la Belgique , leurs exploitations, selon le calcul des adversaires, se sont élevées, en 1820, à 3 millions 750 mille hectolitres, et celles de 1821 ne seront probablement pas d'une quantité moindre.

Outre les mines d'Anzin, il existe d'autres exploitations de mines dans le nord de la France ; ce sont celles d'Aniche et d'Auberchicourt près de Douai ; plus loin, celles d'Hardinghen , de

Guignes

Guignes et de Litry sur la côte des provinces du Nord ; les produits de ces différentes mines sont considérables , et le reproche
d'insuffisance est si peu fondé , surtout quant à la Compagnie d'Anzin, qu'après avoir satisfait tous les consommateurs qui l'environnent, elle expédie au loin de fortes quantités de ses charbons ; elle en
dirige constamment sur Paris , Rouen et autres villes de l'intérieur ; elle entretient une correspondance très-active , par bateaux,
avec Dunkerque , qui dissémine ensuite ces envois de charbons
dans divers ports de l'Océan. C'est un fait aisé à vérifier à la
direction générale des douanes ; et il est certain encore qu'une
partie des produits des mines de Fresnes et de Vieux - Condé
reste long-temps invendue , après l'extraction, faute de consommateurs.

Les réclamans ont articulé , en preuve d'insuffisance , que les
acheteurs de charbons , aux mines d'Anzin , étaient quelquefois
obligés d'attendre un certain temps pour pouvoir faire leurs char-
gemens ; mais on sait bien que ces retards ne tiennent pas au man-
que de charbons , mais à celui des moyens de transport, soit par
eau, quand les bateaux se trouvent retenus à de grandes distances,
soit par terre, quand , à cause du dégel, on ferme les barrières sur
les chaussées. Ces obstacles seraient communs aux charbons de la
Belgique , quelle que pût être leur abondance ; et comme , nonobstant le droit de 33 c. , les charbons belges pénètrent encore avec
avantage , concurremment avec ceux du midi de la France , quoique surchargés de frais de transport, jusqu'à Paris et même au-delà,
il est clair qu'ils s'arrêteraient dans les départemens frontières , si
les approvisionnemens y manquaient. Il n'y a donc point de disette
locale , comme on le prétend , pour la consommation du Nord ;
et si l'on entendait comprendre dans ce reproche d'insuffisance des
produits des mines de cette contrée, l'approvisionnement des

C

départemens du centre de la France, ce n'est pas aux mines de la Belgique qu'il faudrait recourir pour y suppléer ; les exploitations du Midi y satisferaient au besoin, et il serait heureux d'avoir à offrir ce moyen d'écoulement à ces mines, qui bientôt pourront, à elles seules, doubler la quantité de houille que produit actuellement le territoire français.

Art. II, *ou* deuxième motif, *tiré de la prétendue supériorité des charbons de Mons sur ceux des mines d'Anzin.*

Une première réponse à faire à cette supposition, c'est qu'Anzin n'étant qu'à quatre lieues de Mons, les mines qu'on y exploite ne sont que la prolongation des veines ou filons de minérai, qui s'exploitent en Belgique depuis plusieurs siècles, et que, très-vraisemblablement, ces filons ne changent pas de nature à la frontière et en s'étendant sur le territoire français ; mais il y a une réponse plus spéciale à faire aux détracteurs des mines d'Anzin : cette réponse se trouve dans un rapport adressé, le 4 avril 1812, au ministre de la guerre, par le colonel directeur d'artillerie à Douai, chargé particulièrement et officiellement d'essayer les meilleures houilles des arrondissemens de Mons, de Valenciennes et de Douai, et de les comparer entre elles (*Pièce justificative,* n°. 3). Il résulte de ce rapport, que, d'après des essais faits avec la plus grande attention, la houille d'Anzin a été reconnue comme la plus pure, et, par conséquent, préférable pour tous les ouvrages qui demandent les soins du forgeur. Ce rapport a déjà été produit devant les commissions de la Chambre des députés, et il en sera donné copie avec les présentes. Les réclamans n'en ont pas moins affirmé qu'entre autres usines qui préfèrent les charbons de Mons, on peut citer les verreries, les clouteries, et jusqu'aux fabriques de *chicorée-café* ; or, le fait est qu'il existe plusieurs verreries dans le département du Nord, qui ne sont alimentées et entretenues que par les charbons d'Anzin et par ceux d'Aniche ; savoir : trois à Anzin même, une à Magnières près Cambrai , et une à Dunkerque. Le fait est encore, qu'un grand nombre d'ateliers de clouteries ont quitté la Belgique pour venir se placer autour de Valenciennes, et que tous s'approvisionnent aux mines d'Anzin.

A l'égard des fabriques de *chicorée-café*, le charbon qu'elles préfèrent est celui des mines de Fresnes et de Vieux-Condé ; et d'ailleurs, l'usage de la tourbe suffirait à leur service.

Si ce reproche d'infériorité dans la qualité du charbon était fondé , il faudrait encore le rendre commun aux charbons du midi ou du centre de la France, qui se répandent en Normandie et en Picardie , et que désormais , la Flandre pourra recevoir par les canaux de Saint-Quentin et de la Sensée et employer aux consommations de ses fabriques , si elle les juge préférables aux charbons du Nord ; ce sont les produits de ces autres mines françaises, et non ceux des mines de la Belgique , dont il faudrait, au besoin, attirer la concurrence , et favoriser le débouché.

Un autre fait non moins décisif à opposer aux partisans des mines de Mons , c'est que , pendant tout le temps de la réunion de la Belgique à la France , la totalité des importations de charbons des mines de la Belgique sur le territoire français , n'a jamais excédé 2 millions 600 mille hectolitres par année , tandis qu'à en croire les réclamans , ces importations se seraient élevées , tant qu'a duré la réunion , à environ six millions d'hectolitres : calcul notoirement faux , et dont l'extrême exagération résulterait à coup sûr du dépouillement des registres de perception des octrois de navigation. Mais à défaut de renseignemens positifs sur ce point, il est possible d'y suppléer par un raisonnement fort simple ; et en effet, si les consommateurs français avaient donné , pendant la réunion, la préférence aux charbons Belges , à cause de leur qualité, nul doute que les mines de la Belgique, nombreuses, fécondes et faciles à exploiter, auraient frappé d'exclusion absolue les produits des mines de France.

ART. III, *ou* 3°. MOTIF, *tiré de la prétendue élévation des prix des charbons d'Anzin, et du danger de les voir augmenter encore.*

Les réclamans accusent la Compagnie des mines d'Anzin d'avoir augmenté de 20 centimes par hectolitre le prix de ses charbons depuis l'établissement du droit de 30 centimes. C'est encore une assertion absolument fausse, et que, pourtant, on a particularisée, en disant que la Compagnie vend le gros charbon à 2 fr. 50 cent. l'hectolitre, et le moyen à 1 fr. 55 cent; ce qui, dans la supputation des réclamans, ferait ressortir le prix moyen à 1 fr. 60 c. au lieu de 1 f. 40 c., dont la Compagnie se contentait auparavant.

Or, la Compagnie d'Anzin produit le Tableau (*) du prix auquel

(*)		MOYEN ou gailleteux.	GROS.
La manne. . .	de 1795 à 1800.	1 f. 70 c.	2 f. 85 c.
	de 1800 à 1805.	1 30	2 15
	de 1805 à 1810.	1 50	2 50
			2 75
L'hectolitre		1 , 20	2 25
comble.	de 1810 à 1817.	1 25	2 . 50
		1 50	2 75
	de 1817 à 1821.	1 25	2 25
		1 30	2 35

elle a constamment vendu ses charbons, depuis 26 ans, c'est-à-dire, pendant la réunion de la Belgique à la France, et depuis sa séparation, sans aucune augmentation dans ces dernières années ; et, au contraire, les prix des ventes faites de 1817 à 1821 ont été inférieurs à ceux de la plupart des années précédentes.

Suivant le tableau produit, le charbon moyen ou gailleteux est à 1 fr. 25 c., et 1 fr. 30 c. l'hectolitre, et le gros charbon à 2 fr. 25 c., et 2 fr. 35 c. ; ce qui, eu égard à la faible proportion dans laquelle le gros charbon s'emploie pour les consommateurs, fait ressortir le prix commun à moins de 1 fr. 40 c.

Les frais de mesurage aux fosses et de transport jusqu'au rivage, qui varient de 15 à 20 centimes, ont *toujours* été à la charge des acheteurs : la compagnie en fait l'avance, et elle défie ses antagonistes de représenter une seule facture qui ne soit en rapport avec les prix qu'on vient d'articuler. Il y a une légère différence dans le prix des ventes qui se font en détail ou par charriot ; mais cette différence tient à la faculté qu'a l'acheteur de choisir lui-même, à la fosse, pour quelques hectolitres seulement, la qualité de charbon qui lui convient. Les livraisons, faites de cette manière, sont de très-peu d'importance auprès des ventes qui se font par bateaux, les seules qui intéressent le commerce et les manufactures.

La classe aisée paye en détail le charbon moyen à 1 f. 50 c. l'hectolitre, et le gros à 2 fr. 60 c., prix inférieur à ceux des années 1805 et 1817.

La classe mal-aisée est approvisionnée au prix de 1 fr. par hectolitre.

Quant à ceux des consommateurs dont l'indigence est constatée, ils reçoivent gratuitement le charbon nécessaire à leur chauffage.

Ce sont là des faits que certifieront au besoin toutes les autori-
tés locales, et que la Chambre consultative du commerce de Valenciennes n'a pu ignorer.

A l'appui de cette inculpation de surhaussement dans le prix
du charbon, on invente encore, à la charge de la Compagnie
d'Anzin, d'autres griefs, qui sont démentis, soit par la notoriété
publique, soit par des pièces officielles;

1°. Elle fait, dit-on, des mélanges trompeurs des diverses qualités de charbon, en sorte que les qualités moindres viennent par-
ticiper au prix avantageux des premières qualités.

2°. Elle ne livre plus qu'à l'hectolitre, mesure nouvelle, au
lieu de livrer à LA MANNE, ancienne mesure, qui avait plus de
capacité, et toujours au même prix.

3°. Elle livre actuellement à la mesure rase, au lieu de la
mesure comble, ce qui ajoute 8 pour o/o à ses bénéfices.

Réponse au premier grief.

A Anzin, comme dans toutes les autres mines de France, les
charbons sont amenés en plein jour et répandus sur les carreaux
dans leur consistance naturelle. S'ils subissent des mélanges avant
la livraison, ce n'est que sur la demande des acheteurs; il y a
même certains usages pour lesquels ce mélange devient nécessaire;
et les intéressés aux mines de la Belgique ne l'ignorent pas; car on
voit souvent arriver sur leur rivage des charbons de diverses exploitations, mêlés ensemble et jetés sur le même tas.

Sur ce premier grief, comme sur les autres, la notoriété publique confirme ce qu'on atteste ici pour la Compagnie d'Anzin.

Réponse au deuxième grief.

Au temps où les charbons se livraient A LA MANNE, ancienne mesure ayant plus de capacité que l'hectolitre , les prix étaient naturellement plus élevés ; on les vendait à 1 fr. 70 c. le moyen., et 2 fr. 85 c. le gros. Le tableau qui précède prouve que les prix ont été moindres depuis le changement de mesure , c'est-à-dire, depuis la substitution de la mesure légale à la mesure ancienne.

Réponse au troisième Grief.

La Compagnie d'Anzin ne se borne pas , à cet égard , à invoquer la notoriété publique , et à opposer sa propre affirmation au téméraire langage de ses détracteurs; elle rapporte , en outre, une attestation en bonne forme de M. le sous-préfet de Douai, dans l'arrondissement duquel se trouvent les mines d'Anzin et d'Anic'ie (*Pièce justificative* , n°. 4).

Quant au danger prétendu de l'élévation du prix des charbons d'Anzin dans la suite, ce n'est pas sérieusement qu'on semble le prévoir; les charbons de la Belgique, qui déjà entrent à présent pour 1 million 600,000 hectolitres dans la consommation de l'intérieur de la France , malgré le droit de 33 c. dont ils sont grevés, s'y introduiraient bientôt en plus grande quantité, dans le cas supposé, pour y être livrés à meilleur marché que ceux d'Anzin ; la compagnie le sait bien, et elle n'a garde de s'exposer , en haussant ses prix, à une plus grande importation de charbons étrangers.

Art. IV , *ou* 4°. motif, *tiré de la possibilité de l'épuisement prochain des mines d'Anzin et des autres mines du Nord de la France.*

Pourquoi les mines d'Anzin et autres mines du nord de la France, qui ne sont en exploitation que depuis moins d'un siècle , seraient-elles menacées d'un épuisement plus prochain que les mines de la Belgique, qui , depuis plusieurs siècles, approvisionnent les consommateurs belges et français, et dont les mines d'Anzin et des pays environnans, ne sont vraiment que la continuation, sous le sol de la France, à une profondeur plus ou moins grande ?

Ce n'est pas d'ailleurs quand , sur divers points de la France , on pénètre , à grands frais , jusqu'à 12 ou 1500 pieds sous terre , pour y découvrir de nouvelles mines de charbon, et quand les moyens de transport se multiplient par l'ouverture de grands canaux dans toutes les directions , qu'on peut afficher sérieusement la crainte de voir les consommateurs français manquer de charbon de terre, et indiquer pour préservatif contre un tel danger , des exemptions et des franchises en faveur des houillères étrangères , pour accroître encore leurs importations.

Article V, *ou* Cinquième Motif, *consistant à dire qu'en qualité* DE MATIÈRES PREMIÈRES *nécessaires aux fabriques françaises , les charbons belges doivent rester francs de droits d'entrée.*

On conçoit bien, dans le système prohibitif de la législation des
douanes ,

douanes, les exceptions admises à l'égard des MATIÈRES PRI-
MIÈRES de production étrangère, que la nature a refusées à la
France, et qui sont pourtant indispensables à l'aliment de ses manufactures, telles que le coton, et autrefois les laines d'Espa-
gne, parce que, dans ce cas, la valeur que la main-d'œuvre
ajoute à celle de la matière première, est tellement considérable,
que l'on a bientôt racheté, par la simple exportation d'une petite
partie des objets fabriqués, les tissus ou les draps, par exemple, le
tribut payé à l'étranger pour obtenir le coton et les laines fines ;
mais ce serait abuser des mots, ou se méprendre sur leur véritable sens, que de mettre au rang des MATIÈRES PREMIÈRES nécessaires aux usines et fabriques françaises, le charbon de terre
provenant des mines étrangères, pour en favoriser l'introduction. La France, à cet égard, se suffit à elle-même : trop long-
temps, il est vrai, la fertilité de son sol à la surface a distrait ses
habitans de la recherche de ses richesses souterraines ; mais enfin,
dans le siècle dernier, ils ont fouillé au sein de la terre ; quelques-
uns d'eux s'y sont, pour ainsi dire, ensevelis tout vivans ; et, à
force de travaux, de soins et de dépenses, ils sont parvenus à se
procurer, au profit de leurs manufactures, toujours croissantes, et
en supplément de leurs forêts dépeuplées, le fossile combustible
qu'ils demandaient auparavant à l'Angleterre et à la Belgique. Les
mines françaises n'ont besoin, pour suffire à toutes les consommations de l'intérieur, que d'encouragement et de récompense, et
elles ne peuvent trouver l'un et l'autre que dans l'exclusion des
charbons étrangers.

« ARTICLE VI, ou SIXIÈME MOTIF, *tiré de l'intérêt du Trésor, ou*
» *au moins du faible dommage qu'il éprouverait par la réduc-*
» *tion du droit de* 30 *centimes.* »

Nous avons déjà fait observer que l'intérêt du fisc n'était que se-

D

condaire dans l'établissement et la fixation des droits de donane ;
et nous pourrions ajouter que, sous le rapport même de l'intérêt
du fisc, une prohibition absolue, qui ne donne au Trésor de
l'Etat aucun produit actuel, lui devient bientôt plus profitable
qu'un droit d'entrée, quel qu'il soit, par l'influence de la prohibition sur la balance du commerce. Aussi, n'est-ce pas, comme le
prétendent les réclamans, à cause des besoins du Trésor en 1816,
que le droit de 30 cent. a été imposé à l'entrée des charbons de la
Belgique en France, à la place de celui de 10 cent., dont ils
avaient été grevés en 1814 ; les discussions qui eurent lieu à la
Chambre des Députés, pour l'augmentation du droit, ont été tout
à fait indépendantes des besoins d'argent que l'Etat éprouvait ; la
Chambre ne consulta que l'intérêt commercial et la grande utilité
des exploitations de houille qui commençaient à prospérer en
France, et à nous affranchir, en ce point, de toute contribution
étrangère : et, en effet, si le Corps législatif n'eût été décidé, en
1816, à l'augmentation du droit que par la considération des besoins
du Trésor, comme le même motif n'existait pas en 1820, il aurait,
à cette dernière époque, révoqué la surtaxe imposée en 1816 ; s'il
ne l'a pas fait, c'est qu'il a reconnu en 1820, comme en 1816, qu'il
y avait plutôt modération qu'excès dans le tarif du droit à 30 cent.
par hectolitre.

Mais, en supposant même admissible, en bonne législation, le
motif particulier d'intérêt purement fiscal, allégué par les réclamans, on voit qu'ils n'ont pu l'étayer que par un mensonge évi-
dent. Les charbons belges, affirment-ils, avant la séparation de la
Belgique, concouraient à l'approvisionnement du nord de la France
avec ceux des mines d'Anzin et autres mines voisines, dans la proportion de 4 à 1, c'est-à-dire, pour 6 millions d'hectol., sur 8 millions qu'absorbait, disent-ils, la consommation ; d'où ils concluent

que, désormais, le droit d'importation se percevrait encore sur 6 millions d'hectolitres, s'il était réduit à 10 cent., tandis qu'à présent, il ne se perçoit que sur 1,600 mille hectolitres seulement : ce qui, malgré le moindre droit à l'entrée, offrirait encore un bénéfice de 132,000 fr.

Mais ce misérable calcul s'évanouit devant la notoriété générale de la consistance des charbons belges livrés annuellement à la consommation française ; il n'en a jamais été livré plus de 2,600,000 hectolitres par année. Ainsi, en n'envisageant la question que relativement au produit du droit dans les coffres de l'Etat, on trouverait, au lieu du bénéfice de 132,000 francs, supposé par les réclamans, une perte de 253,000 fr. ; et, au surplus, on ne saurait trop le redire, il serait fort malheureux, pour la propriété comme pour l'industrie française, qu'il fallût acheter un revenu annuel, au profit du Trésor, de quelques centaines de mille francs, par l'importation de plusieurs millions d'hectolitres de charbons étrangers.

ARTICLE VII, *ou* SEPTIÈME MOTIF, *pris dans la faveur due*, allègue-t-on, *aux intéressés dans les Mines de Mons, dont la plupart sont Français et domiciliés en France.*

On a peine à comprendre que des Français cherchent à se prévaloir de ce titre même pour solliciter, au préjudice de l'intérêt national, la suppression ou la réduction d'un droit tendant à faire triompher les exploitations françaises de la concurrence des houillères de la Belgique.

Nous savons bien qu'il y a des Français intéressés dans les mines de Mons, et nous savons de plus *que deux de ces intéressés* français sont au nombre des signataires du Mémoire présenté, le

21 octobre dernier, par la Chambre consultative de commerce de la ville de Valenciennes, pour obtenir la réduction du droit d'entrée sur les charbons belges, de 33 c. à 11 ; mais la conséquence que nous aurions naturellement tirée de cette circonstance particulière, c'est que de tels intéressés réunissant, en leur personne, le double caractère de Français par la naissance et le domicile, et d'étrangers par l'emploi de leur industrie et de leurs capitaux, devaient au moins rester neutres dans une question qui intéresse la balance commerciale des deux pays auxquels ils appartiennent, ou que s'ils avaient un poids à mettre dans cette balance, ce serait pour la faire pencher en faveur de leur patrie ; et, au contraire, non-seulement ils violent la neutralité, mais ils veulent encore, en servant des Compagnies étrangères, usurper les honneurs d'amis de la France, et ils ne craignent pas de dire que devant profiter eux-mêmes des avantages qui seront faits aux Compagnies étrangères, ils feront, à leur tour, profiter la France de ces avantages, en versant dans la circulation du commerce français, le montant de leurs bénéfices personnels. Il nous semble que, même en mettant à part la disproportion de ces bénéfices individuels, toutes charges déduites, avec la valeur des droits à supprimer, et avec la valeur plus grande encore de l'exclusion des charbons belges, les intéressés français aux mines de Mons, serviraient beaucoup mieux leur pays en vendant leur portion d'intérêt dans ces mines étrangères, et en rapportant en France leurs capitaux pour les employer dans des exploitations nationales, agricoles ou manufacturières.

Mais, ce qu'il y a de plus extraordinaire, c'est que tout en invoquant leur qualité de Français, pour justifier l'intérêt qu'ils prennent aux mines de la Belgique, les réclamans reprochent à la Compagnie d'Anzin de compter des étrangers au nombre de ses

membres : le fait serait vrai , qu'il faudrait encore reconnaître un
avantage dans la présence de capitaux étrangers , venant assis-
ter l'industrie et les exploitations françaises , comme on recon-
naît , en matière de crédit public , l'importance du concours des
capitalistes étrangers à l'élévation et au maintien des cours qui si-
gnalent la confiance générale dans les fonds français.

Mais c'est encore une fausse allégation de la part des réclamans :
tous les intéressés aux mines d'Anzin sont Français, à l'exception,
d'une part, du prince d'Aremberg qui, à raison de ses grandes pro-
priétés situées en France, ne doit pas même être regardé comme
étranger, et, d'autre part, des descendans de ceux qui ont participé
à la découverte de ces mines, tels que le marquis de Cernay, aïeul
de madame d'Aremberg, auquel on doit celle des mines de Rais-
mes. Et qu'importe , au surplus , le lieu de la naissance et du
domicile de ceux qui exploitent ou font exploiter en France , un
genre de propriété plus inhérent encore au sol que les biens ru-
raux eux-mêmes , puisqu'il est enfoui à des profondeurs sans limi-
tes , et que , par conséquent, on ne peut pas en transplanter le
siége en d'autres pays , comme on le peut pour les établissemens
de banque et de commerce en général, même pour des manufactures dont on voit souvent les métiers et les machines émigrer avec
les artistes et les ouvriers qui les employent et les mettent en
œuvre ?

ART. VIII, ou HUITIÈME MOTIF, *tiré de l'exemption accordée
en faveur des consommateurs des départemens de la Meuse et
de la Moselle.*

L'exception faite par les lois de 1816 et 1820 , en faveur des départemens de la Meuse et de la Moselle , est justifiée par trop de

causes , et elle a en elle-même trop peu d'importance , pour for-
mer un sujet de critique ou d'envie aux autres départemens du
nord de la France.

D'abord il serait impossible d'approvisionner de houille les
consommateurs , fabricans ou autres , des deux départemens de
la Meuse et de la Moselle , autrement que par les mines étrangères. La distance où ils se trouvent de toutes les houillères de
France , tant au midi qu'au nord et au centre du royaume , est
trop considérable pour que les frais de transport ne doublent pas
et au-delà, le prix du charbon qu'ils en feraient venir ; il y a donc,
à leur égard , lieu de considérer comme *matière première*, nécessaire à leur consommation, les charbons de la Belgique.

En second lieu, ce ne sont pas les intéressés aux mines de Mons
qui auraient à se plaindre de cette exception ; le charbon que consomment les fabriques et usines de la Meuse et de la Moselle, leur
est fourni par les houillères de Liége ou de Namur.

En troisième lieu, cette consommation particulière ne s'élève
pas chaque année à *plus de* 100 *à* 150 *mille* hectolitres ; et elle ne
saurait, par conséquent, avoir d'influence sur le prix commun
des charbons dans le nord de la France, soit qu'ils proviennent des
houillères françaises, soit qu'ils proviennent de celles de la Belgique.

En quatrième lieu, cette exception a été compensée dans
la balance générale des approvisionnemens respectivement four-
nis entre les deux pays, par l'exception que le Gouvernement belge
a faite, de son côté, en faveur des charbons provenant des mines
de Fresnes et de Vieux-Condé, dont les extractions dirigées dans
la Belgique se sont élevées également à 100 ou 150 mille hectolitres environ.

En cinquième lieu, et enfin, les départemens de la Meuse et de la Moselle sont, en grande partie, couverts de forêts qui fournissent le combustible nécessaire au chauffage des habitans, et à l'exploitation de leurs fabriques ; et la conservation des bois étant devenue un des principaux objets d'attention et de sollicitude, dans l'économie politique du Gouvernement français, il était convenable de maintenir dans ces deux départemens l'usage du charbon comme combustible , même en le tirant de l'étranger, jusqu'à ce que, par l'ouverture des canaux projetés dans toutes les directions du territoire français, les moyens de transport à peu de frais du charbon des mines de France soient à la portée des consommateurs des riverains de la Meuse et de la Moselle.

On croit avoir suffisamment et peut-être même trop minutieusement réfuté, toutes les objections proposées par les défenseurs des intéressés aux mines de Mons, contre le tarif adopté en 1816 et confirmé en 1820, pour le droit d'importation en France des charbons de terre de la Belgique ; mais nous devons terminer notre réponse par une observation qui ne manquera pas de frapper les bons esprits et les hommes éclairés qui, dégagés de tout intérêt personnel, examineront de sang-froid la réclamation des antagonistes de la Compagnie d'Anzin, se fondant, en apparence, sur les besoins des consommateurs des départemens du Nord : cette observation est celle-ci :

Il n'y a pas de différence entre les besoins d'approvisionnement que peuvent avoir les consommateurs, fabricans ou simples particuliers, tant pour leur chauffage que pour le service de leurs usines et fabriques, et les besoins semblables des consommateurs de l'intérieur de la France , et particulièrement des grandes villes manufacturières parmi lesquelles nous avons déjà cité Rouen et

Paris. Les ateliers établis dans ces grandes villes sont même bien plus dispendieux dans leur exploitation que ne le sont ceux des villes du troisième ou quatrième ordre qui avoisinent les houillères d'Anzin; la main-d'œuvre est plus chère, la subsistance des ouvriers moins économique, et les produits de ces exploitations centrales ne se vendent pas plus avantageusement que ceux des établissemens formés près de la frontière du nord.

Cependant les consommateurs de charbon de terre fixés à Paris, à Rouen ou partout ailleurs que dans le voisinage d'Anzin, ne font, de leur côté, aucune réclamation contre le droit d'entrée imposé sur les charbons de la Belgique; ils ne se plaignent pas même des droits d'octroi dont les villes où ils sont établis ont grevé tous les charbons en général; et les fabricans de Paris payent, sans murmure, le prix de ce combustible sur le pied de 5 à 6 fr. l'hectolitre, tous droits compris, tandis qu'il ne revient aux consommateurs du Nord, ainsi que nous l'avons démontré, qu'à 1 fr. 40 c. par hectolitre, prix commun, auquel il n'y a à ajouter, vu la proximité de la mine, que de très-faibles dépenses de transport.

Pour bien apprécier le mérite des plaintes des fabricans du Nord contre le droit de 33 c. à ajouter à la valeur intrinsèque du charbon, il ne faut que comparer leur condition à celle des fabricans de Paris, qui payent l'hectolitre de charbon 5 fr., au lieu de 1 fr. 50 c., prix auquel il revient aux fabriques du Nord. La différence est de 3 f. 50 c., et les manufactures de Paris n'en sont pas moins actives.

Pour les manufactures qui consomment le plus de charbon, un impôt de 33 c. est imperceptible.

Un raffineur, par exemple, pour obtenir un produit égal à 4 millions de francs, consomme 10 mille hectolitres de charbon; s'il

tire

tire son charbon de la Belgique, le droit d'entrée, à raison de 33 centimes par hectolitre, lui coûtera 3,3oo francs : l'impôt se réduit donc, pour lui, à 83 c. environ pour 1ooo fr. de produits fabriqués.

Une filature, avec une pompe à vapeur de la force de 20 chevaux, obtient, chaque année, une fabrication de la valeur de 6oo mille francs ; sa machine à vapeur, mise en activité douze heures par jour, consomme 12 hectolitres de charbon, sujets, à raison de 33 c., à un droit de 4 fr. — 3oo jours de travail dans l'année coûtent, à ce compte, un droit de 1,2oo fr., ce qui revient à 2 fr. par 1,ooo fr.

Est-ce là une charge ruineuse et qui doive alarmer le commerce ?

Cette remarque est précieuse en ce qu'elle fait ressortir la différence énorme qui existe entre l'intérêt du producteur et celui du consommateur, à la fixation des droits d'entrée sur le charbon ; ce droit, quel qu'il soit, n'affecte le consommateur que dans la très faible proportion de sa dépense en charbon avec l'importance des produits de sa fabrique, tandis qu'il pèse sur l'exploitant de manière à lui enlever toujours une portion notable de la valeur vénale de sa marchandise ; et voilà pourquoi le droit de 33 c., tout modique qu'il est, sert de frein aux entreprises d'importations, si funestes aux mines françaises.

Mais rien aussi, ce nous semble, ne prouve mieux que cette remarque, combien sont déplacées, pour ne pas dire répréhensibles, les feintes doléances produites sous le nom des manufacturiers et fabricans du département du nord, mais qui, dans la vérité, sont l'ouvrage des intéressés aux mines de Mons, bien mal à propos jaloux de ce que la Compagnie d'Anzin commence enfin à recueillir le

E

fruit de ses travaux, et à rentrer dans une partie des dépenses énormes qu'elle a faites.

On feint d'ignorer l'énormité de ces dépenses, et par une évaluation sans base réelle, on réduit à 65 cent. par hectolitre les frais d'exploitation des mines d'Anzin, d'où on conclut que les bénéfices de la Compagnie qui les exploite sont exorbitans. Quoique ce reproche ne décide rien sur la question de savoir quel doit être le droit d'importation des charbons étrangers, pour concilier les ménagemens dus aux consommateurs avec la protection due aux Compagnies exploitantes, il est cependant à propos de le combattre comme mal intentionné et calomnieux.

Les mines d'Anzin s'exploitent, comme on l'a dit, à 12 et 1500 pieds au-dessous du niveau du sol. Avant de parvenir à cette profondeur, il y a des torrens à franchir et à contenir par des digues de madriers énormes hermétiquement emboîtés, autour desquels les eaux s'arrêtent et se déchaînent, tandis que dans leur intérieur l'ouvrier préservé du déluge, peut atteindre à sec le corps de la veine.

Il en coûte à la Compagnie d'Anzin 3 à 400,000 fr.; et souvent beaucoup plus, pour la seule dépense de l'approfondissement et du cavelage d'une fosse ou puits, qui ne s'établit que par la puissance de plusieurs pompes à feu réunie à celle des chevaux.

Le service journalier des mines d'Anzin exige l'emploi de dix machines à vapeur, de la force de 80 chevaux chacune, pour enlever les eaux qui s'échappent encore, malgré la solidité du cuvelage, et menacent de submerger les galeries.

Tous les jours aussi sont mises en mouvement, sans interruption, trente machines de rotation à vapeur indispensables pour extraire le charbon, à cause de la profondeur des puits.

Il faut employer une immense quantité de bois pour le soutien des galeries; il faut en outre, des cuivres, des fers, des plombs, des chanvres, aussi en grande quantité et coûtant fort cher.

En général, les dépenses des mines d'Anzin surpassent de deux tiers celles des autres mines, à cause de la profondeur des puits et de l'abondance des eaux; double inconvénient que n'éprouvent pas les exploitations de la Belgique, dont les 5 sixièmes se font presque à fleur de terre.

Par-dessus tout cela, vient le chapitre des accidens qui, dans ces sortes de travaux, sont innombrables; le bénéfice de la Compagnie ne commence qu'après le prélèvement de toutes ces charges.

Quant à l'emploi de ces bénéfices, la Compagnie peut invoquer avec confiance la commune renommée : tout ce que peuvent prescrire la justice, l'humanité, la générosité même, elle l'observe constamment envers six mille ouvriers qu'elle occupe; leurs femmes, leurs enfans, quand ils sont vieux ou infirmes ou atteints par quelques accidens, reçoivent tous les secours et tous les soins nécessaires; et des officiers de santé sont spécialement attachés à chacun des établissemens de la Compagnie.

De l'accusation de MONOPOLE, *dirigée contre la compagnie d'Anzin.*

MONOPOLE est un de ces mots magiques qui, emportant avec eux, dans leur acception vulgaire, l'idée vague d'une spéculation coupable, semblent dispenser celui qui s'en sert pour accuser, de prouver par des faits, même de bien définir le délit dont il accuse. Nous devons croire cependant qu'en taxant de monopole les intéressés aux mines d'Anzin, on a voulu dire qu'ils cherchaient à s'emparer exclusivement de la faculté d'approvisionner les dépar-

temens du Nord de la France; que leur but, en cela, était de
rester les maîtres du prix de leurs charbons, pour pouvoir les
vendre beaucoup plus cher; et enfin, que le moyen par eux choisi
pour atteindre ce but, avait été de tromper à deux reprises, en
1816 et 1820, la religion et la prudence du Gouvernement et des
deux Chambres, afin d'obtenir l'élévation de 11 à 33 centimes, du
droit d'importation des charbons de la Belgique.

Cela posé, et si telle avait été réellement l'intention de la Compagnie d'Anzin, il serait plus exact de la taxer d'absurdité, que de
monopole; car elle se serait trompée elle-même, et sur le BUT
qu'elle aurait eu en vue, et sur les MOYENS de l'atteindre.

Sur le BUT, celui de l'approvisionnement exclusif des départemens du Nord, afin de rester maîtresse des prix: il faudrait, pour
réaliser un semblable projet, que la Compagnie eût commencé par
se délivrer de toute concurrence à l'intérieur, et ensuite que, tout
en élevant ses prix au-dessus du cours naturel, elle pût empêcher les charbons des mines du centre et du midi de la France
d'arriver sur les marchés qui l'environnent pour y être offerts à
des prix inférieurs aux siens; ce qui est impossible.

Sur les MOYENS, c'est-à-dire, sur l'influence prétendue dans le
marché général des charbons du nord de la France, d'un droit de
33 cent. à l'entrée des charbons de la Belgique : nous avons vu
d'abord, que, nonobstant l'établissement de ce droit, les charbons belges, de l'aveu des réclamans, concouraient encore, pour
1,600,000 hectolitres, à l'approvisionnement des consommateurs
français. Admettons qu'en réduisant de 22 cent. le droit existant,
l'importation des charbons belges fût égale à celle qui avait lieu
quand la Belgique était réunie à la France, et qu'elle s'élevât à 2
millions 600,000 hectolitres.

Vingt-deux centimes perçus, chaque année, sur deux millions

six cent mille hectolitres, forment, à la charge des consommateurs, une différence de 572,000 fr., dont la moitié seulement est
supportée par les fabriques, et l'autre moitié par le chauffage domestique ; ce serait donc, selon les réclamans, en faisant imposer
au commerce et aux manufactures une surcharge annuelle de
286,000 f. par l'élévation du prix des charbons, que la Compagnie
d'Anzin parviendrait, tout à la fois, à s'emparer, à elle seule, de
l'approvisonnement universel, et à faire la loi aux consommateurs
dans la fixation du prix. Cette supposition ne mérite pas d'être
combattue, et l'on peut soutenir, au contraire, avec beaucoup de
raison, que l'impôt de 33 centimes est un rempart encore trop
faible contre le débordement des charbons de la Belgique en
France, et que le sort des cinq exploitations des mines du Nord,
actuellement en activité, même celui des mines du centre et du
Midi, dépend essentiellement du maintien du tarif établi en 1816,
et confirmé en 1820. Ce tarif n'a produit, à la charge des consommateurs, aucun surhaussement dans le prix des charbons ; depuis
vingt-six ans, on l'a déjà dit, la Compagnie d'Anzin, principale
accusée, vend ses charbons au même prix, et il n'y a jamais de
monopole là où les prix modérés se soutiennent long-temps.

Il y avait monopole, par exemple, de la part des mines de
Mons, au temps où celles du nord de la France n'étant pas encore découvertes, les exploitans de Mons nous vendaient le charbon sur le pied de 5 fr. l'hectolitre, au lieu de 30 sous, prix actuel ; et nous serions menacés de voir le retour de ce monopole,
si les mines de France, découragées dans leurs dispendieux travaux, par la franchise d'une concurrence étrangère, venaient à
cesser leurs extractions

Mais ce n'est pas ici la cause particulière des intéressés aux
mines d'Anzin qu'il s'agit de défendre ; quelle que puisse être la

favour, et même la justice due à la compagnie d'Anzin, ses actionnaires ne forment entre eux qu'une faible partie de la grande et nombreuse famille de tous les participans à l'exploitation des mines françaises; et nous n'avons garde de vouloir faire dégénérer en un procès ordinaire et privé, une des plus considérables questions d'Etat et d'économie politique dont les Chambres aient à connaître.

Les véritables parties de cette grande cause sont,

D'UNE PART,

Le Gouvernement français, environné de toutes les lumières que les députés des départemens lui apportent chaque année, et aidé de tous les moyens de force et de puissance que lui donne la volonté commune du Monarque et des deux Chambres. C'est ce Gouvernement, qui, connaissant tout le prix de la découverte faite, dans les profondeurs du sol français, d'un combustible nécessaire au service de l'industrie, toujours croissante de ses habitans, assiste constamment d'une protection spéciale les entreprises formées pour arracher ce combustible aux entrailles de la terre, et le répandre à sa surface dans les ateliers de fabriques et de manufactures.

C'est ce Gouvernement, tout à la fois soigneux des nouvelles richesses et conservateur des anciennes, qui, témoin des pertes que nous avons faites par la destruction d'une partie de nos forêts, étend et vivifie, de tout son pouvoir, les moyens de remplacement que la nature offre à la France, dans la fécondité de ses mines de charbon, pour suppléer à l'insuffisance de ses bois.

C'est aussi ce Gouvernement qui, après avoir, dans tous les temps, encouragé, par des concessions, des priviléges et des franchises, les établissemens d'extraction de houille; vient de provoquer, tout récemment encore, l'ouverture de canaux de navigation, qui faciliteront le transport et la distribution de leurs produits.

C'est ce Gouvernement enfin, qui, non moins attentif aux besoins des consommateurs, qu'à l'avantage des producteurs, s'est abstenu de proposer, comme il pouvait le faire, une prohibition absolue d'importation de charbons étrangers, ou, à l'exemple du Gouvernement belge, un impôt énorme à leur entrée, et n'a demandé au Pouvoir législatif qu'une taxe modérée, laquelle permet encore aux mines de la Belgique de concourir, avec profit, à l'approvisionnement de l'intérieur de la France.

D'UNE AUTRE PART (à titre de réclamans),

Un petit nombre de particuliers, Français ou étrangers, ayant des intérêts dans les mines de Mons, et qui ont pu facilement se procurer des intelligences avec quelques consommateurs français, fabricans ou autres, même induire en erreur quelques hommes publics; c'est ainsi qu'ils ont obtenu des signatures plus ou moins recommandables à des pétitions que la raison désavoue, et que la notoriété publique signale comme empreintes de légèreté et d'inexactitude.

Voilà quelles sont les parties adverses, on ne dit pas seulement du Gouvernement français, mais de toute la population française, avide de moyens de travail, et trouvant à assurer l'existence de 20, 30 et 40,000 familles, par l'exploitation des mines de houille et par l'exercice des professions qui s'y rattachent.

Et telle est la disette ou le mauvais choix des argumens a l'usage

des partisans de l'introduction en France des charbons étrangers,
qu'ils en sont réduits à tenir cet étrange langage :

> « Tout Français que nous sommes, nous avons de grands intérêts dans
> les mines de Mons, et par conséquent une grande part dans leurs pro-
> duits; ce que nous en retirerons, chaque année, à titre de dividende
> ou de bénéfice, nous le reverserons dans la circulation de l'intérieur de
> la France; et nous ferons ainsi pencher d'autant la balance du commerce
> en sa faveur. »

A ce compte, il est fâcheux de le dire, il n'y aurait point de
contrebandier en France qui ne fût en droit de prétendre à la bien-
veillance du Gouvernement et à la protection des lois ; car les profits qui se font sur les marchandises introduites par des contreban-
diers domiciliés en France, retournent aussi, vu le domicile, à la
circulation intérieure.

Paris, le 15 Janvier 1822.

PIÈCES

PIECES JUSTIFICATIVES.

N°. I.

Nous, GUILLAUME, par la grâce de Dieu, Roi des Pays-Bas, Prince d'Orange-Nassau, Grand-Duc de Luxembourg, etc., etc.,

Ayant examiné la proposition de notre conseiller d'État, directeur-général des impositions indirectes, du 4 décembre 1816, relativement à l'influence nuisible que l'impôt, dont le charbon de terre étranger se trouve frappé par la loi, doit nécessairement porter atteinte à la prospérité et même à l'existence des fabriques de chaux et des exploitations de carrières de pierres calcaires dans les environs de Tournay, pour lesquelles les propriétaires ont indispensablement besoin des charbons de Fresnes et de Vieux-Condé, en France ;

Vu l'avis de notre ministre de l'intérieur, en date du 9 de ce mois, n°. 43 ;

Vu l'art. 105 de la loi générale sur les impositions indirectes, en vertu duquel, en attendant que la loi sur les rémissions et exemptions d'impôts ait été promulguée, il nous est réservé d'accorder des indemnités aux fabriques qui pourraient en avoir besoin pour leur maintien ;

Avons arrêté et arrêtons ,

D'accorder aux propriétaires de fabriques de chaux et de calcination de pierres calcaires dans l'arrondissement de Tournay, une prime de 10 florins pour chaque mesure dite *houd de charbon*, qu'ils auraient tiré de la France, et dont ils prouveront avoir duement payé l'impôt de 11 florins, moyennant que la

F

consommation de ces charbons n'excède, en aucune manière, la quantité proportionnée de l'objet fabriqué.

Notre conseiller d'Etat, directeur-général, aura soin de prendre les mesures nécessaires pour le payement régulier de ces primes du produit des impositions; et pour cet objet, il lui sera transmis, avec le renvoi des pièces qui ont été jointes à sa proposition, une ampliation du présent arrêté. Pareilles ampliations en seront transmises à nos ministres de l'intérieur et des finances, ainsi qu'à la chambre des comptes, pour information.

A Bruxelles, le 13 décembre 1816.

Signé GUILLAUME.

N°. I I.

Nous, GUILLAUME, par la grâce de Dieu, Roi des Pays-Bas, Prince d'Orange-Nassau, Grand-Duc de Luxembourg, etc., etc., etc. ;

Vu les pétitions à nous présentées par plusieurs chaufourniers dans la province de la Flandre occidentale, afin d'appliquer à leur avantage les dispositions favorables de notre arrêté du 13 décembre 1816, en vertu duquel il a été accordé une prime de 10 florins, sur la quantité de 1500 kilogrammes de charbon de terre de *Fresnes* et *Vieux-Condé*, importés pour l'usage des chaufourniers dans les environs de Tournai ;

Ouï le rapport de notre conseiller d'Etat, directeur général des impositions indirectes, sur les pétitions susdites, ainsi que sur les mesures qui devront être prises pour l'exécution régulière de l'arrêté susdit du 13 décembre 1816,

Le conseil d'Etat entendu,

Avons arrêté et arrêtons,

Article Ier.

La prime de 10 florins, sur 1500 kilogrammes de charbon de terre tirés de *Fresnes* et *Vieux-Condé*, pour l'usage des fabriques de chaux, sera également allouée aux chaufourniers dans la province de la Flandre occidentale. Afin d'en pouvoir profiter, ils observeront toutefois les dispositions prescrites par les articles suivans.

Article II.

Chaque chaufournier qui désirera se prévaloir du bénéfice accordé par notre arrêté du 13 décembre 1816, s'adressera, par écrit, à l'inspecteur d'arrondissement des impositions indirectes dans le district duquel il est domicilié.

Article III.

Il présentera, lorsqu'il fera sa demande, une déclaration, contenant :

1°. Le lieu et la date ;

2°. Les noms et prénoms, et la raison de commerce des propriétaires et possesseurs des fabriques de chaux, ainsi que leurs demeures ;

3°. Les noms et prénoms du directeur spécial, et son domicile ;

4°. La situation et la contenance de chaque four à chaux ;

5°. L'indication du four sur lequel on commencera à y faire du feu, et celui sur lequel on finira ;

6°. La quantité de chaux que l'on se propose de fabriquer dans chaque four ;

7°. La quantité de charbon de terre que l'on calcule avoir besoin dans chaque four. Cette déclaration sera affirmée par l'autorité locale.

Article IV.

Lorsque la calcination sera terminée, le chaufournier l'annoncera, pour que l'inspecteur d'arrondissement puisse constater le restant de la quantité de charbon de terre.

Article V.

Chaque chaufournier qui aura présenté la déclaration mentionnée dans l'article 2, sera admis à avoir un compte ouvert avec l'administration des impositions indirectes, moyennant l'observation des dispositions des articles 3 et suivans de la loi du 15 septembre 1816, sur la houille, pour autant qu'elles sont applicables sur ce point.

Article VI.

Le compte de chaque fabricant de chaux sera clos à la fin de la fabrication ; et l'on déduira du montant la prime accordée pour les charbons de terre employés au profit de la fabrique de chaux. Ce compte sera apuré par le payement du droit en principal, s'élevant, déduction faite de la prime, à 10 florins pour les 1500 kilogrammes, et le droit du syndicat tout en entier.

Article VII.

Les droits dus sur le restant des houilles seront portés au *Doit*, dans le nouveau compte du chaufournier, pour l'impôt total de 11 florins ; à moins que le fabricant ne voulût procéder à la fermeture entière de son trafic ; auquel cas, il sera tenu d'apurer sans délai les droits sur les charbons de terre qui se trouvent dans les magasins.

Article VIII.

Pour que la prime de 10 florins, pour les 1500 kilogrammes, puisse être réclamée, les charbons de terre doivent être importés par le bureau d'Espain.

Article IX.

Les bateliers qui transporteront des cargaisons de charbon de terre de *Fresnes* et *Vieux-Condé*, dont l'importation se pratique par le bureau d'Espain, seront tenus, pour autant que l'on désirera réclamer la prime, et qu'ils passeront la première écluse sur l'Escaut, à Tournai, en se dirigeant vers l'intérieur, de faire mettre leurs cargaisons sous scellés à Espain, et de se munir d'un passavant jusqu'à l'endroit de leur destination. Ce document sera retiré par le receveur des impositions indirectes sous le bureau duquel la fabrique de chaux est située, après l'emmagasinage des charbons de terre chez le chaufournier.

Article X.

La même formalité sera observée à l'égard des charbons qui resteront au-delà de Tournai, sauf l'apposition des scellés aux bureaux ; ce qui ne sera pas requis dans ce cas.

ARTICLE XI.

Notre conseiller d'État, directeur général des impositions indirectes, est autorisé à prendre les mesures convenables pour qu'il soit accordé aux chaufourniers qui feront la déclaration prescrite par l'art. 2, l'effet de la prime qui leur a été allouée, autant pour les charbons de terre de *Fresnes* et *Vieux-Condé* qu'ils ont emmagasinés après l'introduction du nouveau système des impositions indirectes, que pour la provision inventoriée chez eux.

ARTICLE XII.

Notre conseiller d'État, directeur général des impositions indirectes, est chargé de l'exécution du présent arrêté, auquel on aura soin de donner dans l'arrondissement de Tournai et dans la province de la Flandre occidentale, toute la publicité requise.

Expédition sera également transmise au conseiller d'État.

Donné à Bruxelles, le 2 juillet 1817, de notre règne le quatrième.

Signé GUILLAUME.

Nota. Voici, d'après les actes qui précèdent, à quoi se réduisait la faveur accordée aux charbons de Fresnes et de Vieux-Condé. Ils payaient à leur entrée en Belgique, pour 1,500 kilogrammes, ou 15 hectolitres;

SAVOIR:

1°. Droit fixe.	1 florin, au lieu de 11 florins.
2°. 15 pour 100 de syndicat, calculé sur 11 florins.	1	65/100 centièmes.
TOTAL.	2	65/100 centièmes.
Revenant en francs, à	5	56 centimes.
Ce qui faisait par hectolitre.	»	37 centimes.

Mais maintenant ce n'est plus cela : l'exception en faveur des charbons de Fresnes et Vieux-Condé n'existe plus ; elle a été supprimée par un nouvel arrêté du Roi des Pays-Bas, du 6 décembre 1821. (*Voir la note à la suite de la page* 5.)

N°. I I I.

Douai, le 4 avril 1812.

*Le Colonel Directeur de l'Artillerie, à Son Excellence le Ministre
de la Guerre.*

MONSEIGNEUR,

Vous m'avez ordonné, en date du 24 février dernier, de faire un essai comparatif de charbon de terre provenant des mines de l'Agrappe, près Mons, avec les charbons employés jusqu'à présent dans cet arsenal.

J'ai déjà eu l'honneur de faire passer à Votre Excellence copie de la lettre que M. Delneufcourt, un des membres de la direction de ces mines, a répondu à celle que je lui avais écrite, pour obtenir des renseignemens sur la qualité, le prix et celui de transport de ce charbon.

Avant d'entrer en pourparlers sur ces objets, il fallait faire l'essai ordonné, pour connaître si ce charbon avait la supériorité annoncée par la Direction des Mines, sur les autres charbons du pays; c'est ce que je viens d'exécuter, n'ayant tardé que parce que l'échantillon du charbon d'Anzin s'est fait attendre.

Avant de commencer l'essai comparatif, j'ai cherché à présumer la qualité de ces trois charbons, d'après leur cassure.

Celui d'Anzin offre à la casse une surface partout également brillante; c'est une multitude de petits points brillans, très rapprochés, parsemés uniformément sur un noir velouté, et j'en ai conclu que de l'uniformité de ces points brillans, devait naître l'uniformité de la chauffe; que de la foule de ces points brillans devait naître une inflammabilité constante, lorsque sa couleur veloutée annonçait sa vertu carburante; aussi l'appelle-t on charbon de fine forge.

Le charbon de l'Agrappe présente une surface toute brillante, sur un noir luisant; tout annonce en lui une grande inflammabilité; on juge à l'œil, qu'enflammé, il doit produire plus de quantité de chaleur que le précédent, et conséquemment convenir d'avantage à forger de gros ouvrages. En quantité égale et à vent égal, il doit absorber plus d'oxigène; en temps égal, il doit donc résulter de sa combustion rapide un acide qui pourrait influer sur de petits ouvrages; il doit être peu propre à carburer un fer qu'on voudrait adoucir. J'estime que réduit en coaks, il doit donner du charbon collant, et conséquemment crasser le fer à la forge.

Le charbon d'Aniche offre à la casse des lames très-brillantes, à côté de parties d'un noir terne. Il ne doit donc pas chauffer également; il paraît tenir des deux charbons précédens, et avoir une qualité moyenne entre celle des deux précédens.

Lorsque les échantillons de l'Agrappe arrivèrent, je voulus les essayer, en faisant forger aux deux feux d'une même forge, alimentés par ces deux charbons, deux barres de fer, égales en dimensions; mais les ouvriers rendirent les circonstances inégales, et j'en ai rejeté le résultat.

Le produit des mines, en général, étant supérieur aux consommations, il est naturel que ceux qui font ce commerce de seconde main, cherchent à se procurer des consommateurs, et les ouvriers ne jugent pas toujours avec impartialité.

Pour que la main-d'œuvre n'influât pas sur les résultats, j'ai voulu la rendre nulle; j'ai fait prendre trois mauvais canons, dans lesquels j'avais fait introduire trois morceaux de fer en verges. J'ai fait nétoyer les forges, mesurer trois quantités de charbon égales, que j'ai fait placer sur le sol de la forge. Le charbon enflammé, j'ai fait placer les canons sous le vent de chaque tuyère, comptant pouvoir retirer les témoins en même temps, et pouvoir juger du degré de chauffe par la couleur qu'ils donneraient; mais les foyers n'étant alimentés que par du charbon pur, produisaient une quantité de chaleur si considérable, qu'au bout de cinq à six minutes, les canons étaient fondus et les témoins soudés aux canons.

J'ai donc fait prendre trois gros boulons de mêmes dimensions, que j'ai soumis à ces foyers.

Au bout de deux minutes, le témoin chauffé par le charbon $\left\{\begin{array}{l}\text{de Mons, a donné la couleur rouge jaune;}\\ \text{d'Aniche, la couleur cerise;}\\ \text{d'Anzin, la couleur rouge.}\end{array}\right.$

Il est à observer que malgré qu'on ait cherché à employer des soufflets de mêmes dimensions, et qui eussent le même degré de compression, le courant qui animait le charbon d'Aniche était plus fort que celui des deux autres.

J'ai fait refroidir les témoins et les ai fait remettre au feu en même temps, recommandant au souffleur de ce dernier de moins comprimer le vent de son soufflet; au bout d'une minute, j'ai fait retirer les témoins.

Celui chauffé par le charbon
{
de Mons, a donné le petit rouge;
d'Anzin, le brun rouge;
d'Aniche, le brun.
}

Les témoins réfroidis et mis en même temps au feu, étant retirés ensemble au bout environ d'une minute et demie, Mons a eu la supériorité de chauffe sur Aniche, et Aniche sur Anzin. Mons a donné plus de scories qu'Aniche, et ce dernier plus qu'Anzin.

A juger par la couleur de la flamme, Anzin est le plus pur de ces trois charbons.

D'après ces résultats, il est aisé de conclure que le charbon de Mons chauffe d'avantage et crasse le plus; que celui d'Aniche varie, ce qui est indiqué par sa cassure; que celui d'Anzin convient mieux pour un ouvrage qui demande les soins du forgeur.

Quant à la durée, celui d'Aniche a été le premier consommé, et cela devait être, d'après la force du soufflet; les deux autres se sont soutenus, à peu de chose près, également.

Quant au prix, le charbon d'Anzin reviendrait à 1 fr. 80 c. rendu sur l'esplanade, devant l'Arsenal, l'hectolitre de 100 kil.; 0 f. 06 c. pour droits d'octrois, et 1 0 c. pour le transport de l'esplanade dans nos magasins; l'hectolitre reviendrait donc à 1 fr. 96 c.

Le charbon d'Aniche nous revient, entré dans nos magasins, à 1 fr. 95 c.; mais l'hectolitre est de 107 kilogr.

Celui de première qualité de l'Agrappe, d'après une lettre de M. Delneufcourt fils, reviendrait, prêt à débarquer à Douai, à 1 f. 84 c. l'hectolitre de 100 kilogr.; y ajoutant 1 0 c. pour le rentrer dans les magasins, il reviendrait à 1 fr. 94 c.; mais il faudrait que la direction de cette mine fût toujours en avance pour ses fournitures, afin que nous puissions refuser le charbon qui serait reconnu mauvais; il faudrait qu'elle nous approvisionnât l'été pour l'hiver, dans

la

la crainte que les canaux vinssent à geler ; d'ailleurs , comment voudrait-elle qu'on constatât la validité du refus ?

Je suis , etc.

Pour copie conforme ,

Le colonel directeur d'artillerie ,

Signé BAUDREVILLE.

N°. I V.

Le sous-préfet de l'arrondissement de Douai , chevalier de l'Ordre royal, de la Légion d'honneur, certifie à tous ceux qu'il appartiendra, qu'aux mines d'Anzin , Fresnes , Vieux-Condé et Aniche, qui s'exploitent dans l'arrondissement de Douai , le charbon se vend, depuis l'exécution du systême métrique, par *hectolitre comble* , et *non en hectolitre ras* ; que la connaissance de ce fait résulte , tant des informations prises par le soussigné, que de la notoriété publique, et que la différence est évaluée d'un cinquième pour la perception de l'octroi municipal de Douai.

Fait et délivré à Douai, le 27 novembre 1821 , pour valoir ce que de raison.

Signé : DUPLAQUET.

Imprimerie de Mme. V^e. PORTHMANN , rue Sainte-Anne , n°. 3.

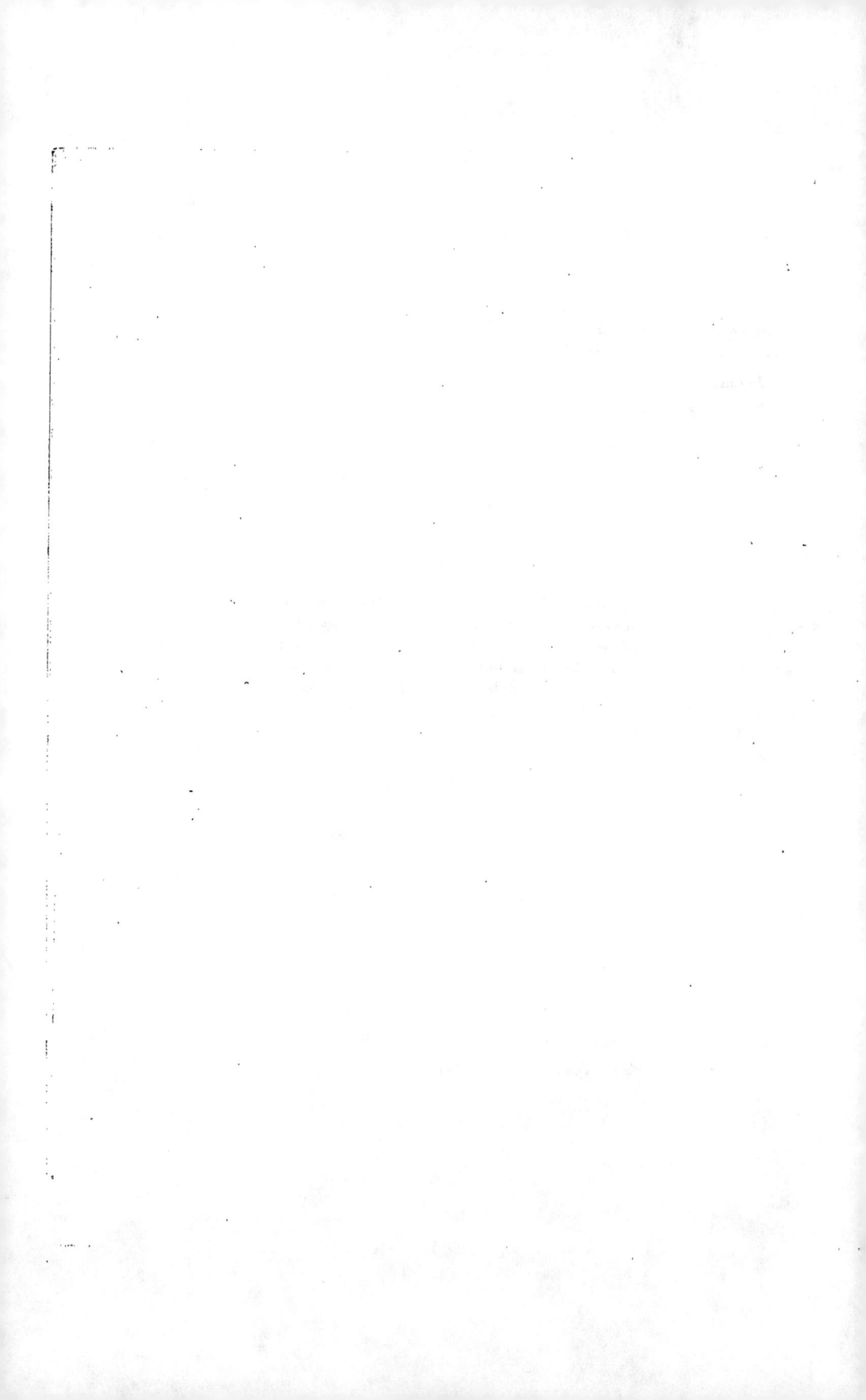

www.ingramcontent.com/pod-product-compliance
Lightning Source LLC
Chambersburg PA
CBHW071011280326
41934CB00009B/2254